essentials

essentials liefern aktuelles Wissen in konzentrierter Form. Die Essenz dessen, worauf es als „State-of-the-Art" in der gegenwärtigen Fachdiskussion oder in der Praxis ankommt. *essentials* informieren schnell, unkompliziert und verständlich

- als Einführung in ein aktuelles Thema aus Ihrem Fachgebiet
- als Einstieg in ein für Sie noch unbekanntes Themenfeld
- als Einblick, um zum Thema mitreden zu können

Die Bücher in elektronischer und gedruckter Form bringen das Expertenwissen von Springer-Fachautoren kompakt zur Darstellung. Sie sind besonders für die Nutzung als eBook auf Tablet-PCs, eBook-Readern und Smartphones geeignet. *essentials:* Wissensbausteine aus den Wirtschafts-, Sozial- und Geisteswissenschaften, aus Technik und Naturwissenschaften sowie aus Medizin, Psychologie und Gesundheitsberufen. Von renommierten Autoren aller Springer-Verlagsmarken.

Weitere Bände in der Reihe http://www.springer.com/series/13088

Lilo Endriss

Die psychische Gewalt der Ignoranzfalle

Selbstcoaching und Prävention für Betroffene

 Springer

Lilo Endriss
Kreatives Management – Beratung
und Training
Hamburg, Deutschland

ISSN 2197-6708   ISSN 2197-6716   (electronic)
essentials
ISBN 978-3-658-21834-8   ISBN 978-3-658-21835-5   (eBook)
https://doi.org/10.1007/978-3-658-21835-5

Die Deutsche Nationalbibliothek verzeichnet diese Publikation in der Deutschen Nationalbiblio-
grafie; detaillierte bibliografische Daten sind im Internet über http://dnb.d-nb.de abrufbar.

Gedruckt auf säurefreiem und chlorfrei gebleichtem Papier

Springer ist ein Imprint der eingetragenen Gesellschaft Springer Fachmedien Wiesbaden GmbH
und ist ein Teil von Springer Nature
Die Anschrift der Gesellschaft ist: Abraham-Lincoln-Str. 46, 65189 Wiesbaden, Germany

Was Sie in diesem *essential* finden können

- Eine Einführung in die drei existenziellen Ebenen der menschlichen Kommunikation
- Die psychologische Bedeutung von Resonanz für die persönliche Identität sowie das eigene Selbstbild
- Einen Überblick über die vielfältigen Formen subtiler seelischer Gewalt durch Ignoranz
- Die Beschreibung typischer Kränkungsreaktionen
- Zahlreiche Selbstcoaching-Methoden zur Stärkung der eigenen Resilienz

Vorwort

Dieses *essential* komprimiert wesentliche Punkte meines Werkes „Ignoranzfallen am Arbeitsplatz: Subtile seelische Gewalt aufdecken – Betroffene stabilisieren", das sich vorwiegend an Führungskräfte, Mitarbeiter im HR-Bereich, Betriebsräte, Mitarbeiter im Gesundheitsmanagement, Berater und Coaches richtet und ebenfalls im Springer-Verlag erschienen ist. Mit dem hier vorliegenden Werk wende ich mich nun direkt an Betroffene, damit diese das Phänomen der Ignoranzfalle „in Eigenregie" erkennen und sich durch Selbstcoaching aus bestehenden und möglichen zukünftigen Verwicklungen im Zusammenhang mit subtiler seelischer Gewalt befreien können.

Lilo Endriss

Inhaltsverzeichnis

Einleitung

1

Wir sind nicht nur für das verantwortlich, was wir tun, sondern auch für das, was wir nicht tun (Molière).

▶ Seelische Gewalt zeigt sich nicht nur durch verbale Attacken, sondern auf subtile Art und Weise auch durch das Nichtwahrnehmen eines anderen Menschen, dessen Äußerungen und dessen Werke.

Seelische Gewalt in Form von beißender Kritik, Beleidigungen und herablassender Verachtung verletzt einen Menschen auch ohne Schläge – wie etwa in „Schmerzgrenze – vom Ursprung alltäglicher und globaler Gewalt" von Joachim Bauer (2011) und in „Die Masken der Niedertracht – Seelische Gewalt im Alltag und wie man sich dagegen wehren kann" von Marie-France Hirigoyen (2000) dargelegt wird. Personen, die sich absichtlich dieser psychischen Gewaltstrategien bedienen, werden mittlerweile klar als Angreifer bezeichnet. Wesentlich schwieriger wird es, Angreifer zu identifizieren, die sich subtiler Feindseligkeit bedienen.

Ignorante Verhaltensweisen gab es – historisch gesehen – schon immer. Sie sind in unserer Gesellschaft im Alltag, in der Familie, im Bekanntenkreis und auch im Beruf heute leider sehr stark verbreitet. So werden Menschen häufig in Bezug auf ihre Existenz, ihre Anwesenheit und ihre Arbeitsergebnisse übersehen und überhört. Dieses Phänomen wird jedoch kaum thematisiert und scheint ein weitgehend akzeptiertes Verhalten zu sein. Wer sich über ignorantes Verhalten entrüstet und ihm Einhalt gebieten möchte wird häufig lächerlich gemacht: Wozu hier Richtlinien aufstellen? Das Laissez-faire im Zusammenhang mit ignoranten Verhaltensweisen, das Akzeptieren von entwertender Kommunikation scheint sich durchzusetzen, ist vielleicht ein besonderes Kennzeichen der gegenwärtigen Sozio-Kultur.

© Springer Fachmedien Wiesbaden GmbH, ein Teil von Springer Nature 2018   1
L. Endriss, *Die psychische Gewalt der Ignoranzfalle*, essentials,
https://doi.org/10.1007/978-3-658-21835-5_1

Viele Menschen wissen jedoch nicht, dass ignorante Verhaltensweisen auch absichtlich eingesetzt werden können, um jemand anderes zu schädigen. Die unmittelbare Kommunikation wird systematisch verweigert, um sie als Machtmittel einzusetzen: Etwa durch das permanente Nichteingehen auf die Anliegen des Gegenübers, durch soziale Ausgrenzung und im schlimmsten Fall durch Isolationsfolter. Psychologen nennen dies „subtile seelische oder psychische Gewalt". Das dadurch ausgelöste seelische Leiden kann wie bei den oben erwähnten verbalen Angriffen heftigen körperlichen Schmerzen entsprechen.

Die Mechanismen der Ignoranz verlaufen also nach völlig anderen Spielregeln. Sie können im schlimmsten Fall einen Betroffenen so stark ausbremsen, dass er sich wie gelähmt oder versteinert fühlt. Die Psychotherapeutin Marie-France Hirigoyen (2000, S. 17) schreibt dazu, dass der Angreifer darauf abzielt „sich an die Identität des anderen heranzumachen und ihn jeder Individualität zu berauben. Es geht um einen wirklichen Prozess seelischer Zerstörung, die zu Geisteskrankheit oder Selbstmord führen kann". Ich beschloss, das Phänomen der Kränkung durch subtile seelische Gewalt bildhaft als „Ignoranzfalle" zu bezeichnen – sie nimmt Menschen die Standfestigkeit und lässt sie wie durch eine Falltür ins bodenlose Nichts fallen.

Ignorante Verhaltensweisen sind leider nicht nur im Privat-, sondern auch im Berufsleben zu finden. Daher habe ich als Diplompsychologin, Kreativitätstrainerin und Coach für die Managementberatung (Berufsverband Deutscher Psychologinnen und Psychologen, BDP) dieses brisante Thema aus dem therapeutischen Bereich herausgelöst und für den beruflichen Bereich aufgearbeitet. In der Regel wird dieses Verhalten von „Nahestehenden", vorwiegend Einzelpersonen, gezeigt, die auf Mitläufer und Gehilfen verzichten.

Was ist eine Ignoranzfalle?

2

Welche Kenntnisse Sie über subtile seelische Gewalt haben sollten

▶ Um ein gesundes Selbstwertgefühl zu entwickeln, ist der Mensch auf Spiegelung und Resonanz angewiesen – entfallen diese, kann dies existenziell seine Identität bedrohen. Ignoranz ist eine entwertende Form der Kommunikation.

2.1 Grundformen der Kommunikation

Ein jeder Mensch hat regelmäßig Anspruch auf Achtung von seinem Nebenmenschen, und wechselseitig ist er dazu auch gegen jeden anderen verbunden (Emanuel Kant).

Wir Menschen brauchen den Anderen, um uns selbst zu erfahren. Wir brauchen den Anderen nicht nur, um uns selbst zu erleben, sondern auch, um Resonanz auf unsere Worte, Handlungen und Arbeitsergebnisse zu erhalten. Diese Resonanz, dieses Echo, das wir bei anderen Menschen hervorrufen, prägt wesentlich unsere Identität und das damit verbundene Selbstbild. Aus diesem Wissen heraus lassen sich drei Dimensionen der menschlichen Kommunikation herausarbeiten:

- Bestätigung bzw. Anerkennung des Gegenübers
- Zurückweisung bzw. Verwerfung des Gegenübers
- Entwertung bzw. Ignoranz des Gegenübers

Bestätigung und Anerkennung der eigenen Existenz durch andere Menschen ist die Voraussetzung für die Entwicklung einer eigenen Identität. Sie findet im frühen Kindesalter statt: Primär durch Körperkontakt wie das Stillen, hochgenommen,

© Springer Fachmedien Wiesbaden GmbH, ein Teil von Springer Nature 2018
L. Endriss, *Die psychische Gewalt der Ignoranzfalle*, essentials,
https://doi.org/10.1007/978-3-658-21835-5_2

gestreichelt, gebadet und gewaschen zu werden. Wenn dies alles mit freundlichem Blickkontakt, Summen oder etwa Liedersingen verbunden ist, dann steht das Baby im Mittelpunkt der mütterlichen und elterlichen Fürsorge. Diese nonverbalen Formen der Bestätigung und Anerkennung der Existenz dieses kleinen Wesens können durch wohlwollende Worte ergänzt werden, die vom Klang her von Zärtlichkeit und Fürsorge erfüllt sind.

Trotz alledem spürt ein sich entwickelndes Kind die Überlegenheit der Erwachsenen, schon allein durch deren Größe und Kraft sowie all das, was diese alles können und was das kleine Kind noch nicht kann. Und umgekehrt stehen junge Eltern häufig vor dem Problem, dass sie nicht wissen, was mit dem Säugling los ist. Die Wünsche und Bedürfnisse ihres Kindes, das sich noch nicht verbal äußern und selbstbewusst vertreten kann, müssen „erspürt" werden.

Das Einfühlungsvermögen in die noch sprachlose Erlebniswelt der Babys und Kleinkinder stellt eine besondere Herausforderung an die Empathie von Mutter und Vater dar und bedeutet nicht nur Mitgefühl, sondern auch, das kindliche Verhalten richtig zu deuten. Die wunderbare menschliche Gabe, sich in ein Gegenüber hineinzuversetzen, ist – wie auch manch andere Fähigkeiten – beim einzelnen Menschen mehr oder weniger stark ausgeprägt. In vielen Mythen der unterschiedlichsten Kulturen wird das Phänomen der Empathie im Sinne von Menschlichkeit seit Jahrtausenden erwähnt, doch erst seit den neunziger Jahren des letzten Jahrhunderts konnten Wissenschaftler dieses Phänomen aus gehirnphysiologischer Sicht durch die Entdeckung der sog. Spiegelneuronen erklären.

Wer als Baby oder als Kleinkind jedoch weder körperliche noch sprachliche Zuwendung erhält, verkümmert. René Spitz (1945) erschuf dazu als Ergebnis seiner bahnbrechenden Forschungen den Begriff des Hospitalismus. Dieser bezeichnet die dramatischen Folgen, die Kleinkindern widerfuhren, die von ihren im Gefängnis internierten Müttern getrennt in einem Hospital mit wenig persönlicher Betreuung – außer einem gelegentlichen Füttern und Flüssigkeit reichen – dahinvegetieren mussten. Diese Säuglinge starben über kurz oder lang am Mangel persönlicher Zuwendung, einer Art Reizentzug, die auch emotionale Deprivation genannt wird.

Die körperlichen und seelischen Streicheleinheiten in der Baby- und Kleinkindzeit stellen also eine fundamentale Voraussetzung für das Gedeihen des Menschen dar. Ein vergleichbares extrem zugewandtes, besonders auch körperlich intensiv bestätigendes Verhalten erleben Menschen später im Leben noch einmal in ihren Liebesbeziehungen.

Existenzielle Bestätigung/Anerkennung muss nicht unbedingt mit einer Wertung zusammenhängen. Sie kann bedeuten, „Ja, so bist du! So sehe ich dich! So nehme ich dich wahr!", ohne dabei das Vorhandene und Wahrgenommenen zu beurteilen. Die Aussage „Du hast grüne Augen!" beinhaltet keine Wertung. Die Aussage: „Ich finde deine grünen Augen wunderschön!" beinhaltet eine positive Wertung, eine sogenannte Auf-Wertung. Genauso kann eine Zurückweisung/ Verwerfung keine Wertung enthalten, z. B. „Du glaubst es ja nicht – aber Du hast viel intensivere grüne Augen als Deine Schwester!" Oder aber sie kann eine Ab-Wertung im Sinne einer negativen Beurteilung enthalten, etwa „Ich finde Deine grünen Augen furchtbar!"

Diese Aussagen, dieses „Fremdbild", diese Verwerfung eines Teils der Identität oder des Selbstbildes des Anderen, sowie auch die Ab-Wertungen, machen klar, dass jemand eine andere Sichtweise von Ihnen hat. Trotzdem nimmt dieser Andere Sie wahr und setzt sich mit Ihnen auseinander, ohne Ihre Gesamt-Existenz zu übersehen.

Eine Ab-Wertung entsteht erst dann, wenn eine destruktive Kritik geäußert wird, die darauf abzielt, die andere Person zu diffamieren und ein „Du bist nicht o.k."- Gefühl beim anderen hervorzurufen. Dies kann sich auch auf Ihre Äußerungen, Arbeitsergebnisse und Werke beziehen, wie etwa in der Bemerkung: „Was, das soll Kunst sein? Das sind ja wohl eher naive Schmierereien!" In dieser Art funktionieren viele Formen der verbalen Bestrafung. Sie können einen Menschen auch ohne Schläge verletzen.

Nichtverbale Formen der Zurückweisung ergänzen die breite Palette von destruktiven Rückmeldungen: Schon Kleinkinder lernen schnell, auf gerunzelte Stirnen, lauten und drohenden Tonfall, ruppige Berührungen und strafende Blicke zu reagieren. Das Kopfschütteln, das mit einem Nein verbunden ist, wird vom Erwachsenen mit einem ärgerlichen Gesicht kombiniert. Die Bemerkung „Das hast du falsch gemacht!" erfolgt in einem anklagenden Tonfall und signalisiert eine Abwertung des Anderen, von dem man nichts weniger als Perfektion erwartet. Eine Zurückweisung kann jedoch auch anders erfolgen, nämlich so, dass eine Abwertung des anderen vermieden wird. Dies ist das Anliegen der sogenannten konstruktiven Kritik.

Egal, ob nun eine Zurückweisung mit oder ohne Bewertung der anderen Person und deren Ausdrucksformen erfolgt, so anerkennt sie in jedem Fall die Existenz dieses Mitmenschen. Auch wenn das „Du bist nicht o.k.!" mitschwingt, so ist immerhin jemand vorhanden, der beurteilt oder verurteilt wird. Manche Menschen bemerken ja auch etwas scherzhaft oder in einem bedauernden Tonfall, wenn sie sich von einer Partnerin oder einem Partner getrennt haben, dass sie nun leider niemanden mehr haben, mit dem sie sich herumstreiten können. Kritisieren macht nur Spaß, wenn der andere darauf reagiert. Oder sonst eine irgendwie geartete Reaktion erfolgt. Zurückweisung und Verwerfung, die im Leeren endet, hat ihr Ziel verfehlt.

Die Kommunikationsebenen Bestätigung und Zurückweisung beinhalten also, dass es ein Gegenüber mit einer Identität gibt, dass dieses Gegenüber wahrgenommen wird, ob nun mit oder ohne Bewertung. Eine völlig andere Dimension des menschlichen Verhaltens ist die Ignoranz, die besagt: „Du existierst nicht!", was einer Ent-Wertung entspricht.

In dem Standardwerk „Menschliche Kommunikation" bemerkte William James (Watzlawick et al. 1971, S. 85 f.) einmal folgendes: „Eine unmenschlichere Strafe könnte nicht erfunden werden, als dass man – wenn dies möglich wäre – in der Gesellschaft losgelassen und von allen ihren Mitgliedern unbeachtet werden würde."

Ich verwende für diese entwertenden Verhaltensweisen den Begriff „Ignoranz". Absichtlich oder unabsichtlich stellen Menschen sich gegenseitig durch entwertende Verhaltensweisen auf der Beziehungsebene Ignoranzfallen auf. Wer „erfolgreich" in eine solche Falle gerät, in der es keine Anhaltspunkte für sein Selbstbild, für seine Aktivitäten und Werke gibt, der steckt in einem Dilemma: Nun besteht die Gefahr, dass ihm, egal was er ist und was er tut, vermittelt wird, dass dies nicht richtig sei. In der formalen Sprache wird dies „Unentscheidbarkeit" genannt, in der lyrischen Ausdrucksform wäre dies „schachmatt gesetzt werden", in der klinischen Terminologie „Stupor" – ein körperlicher und seelischer Erstarrungszustand. Wer erfolgreich in die Ignoranzfalle gefallen ist, der landet im Nichts.

2.2 Selbst- und Fremdbild

Ich-Identität und Selbstbild sowie das eigenen Verhalten werden also auch stark durch das Fremdbild beeinflusst. Mitte der 50er Jahre des letzten Jahrhunderts entwickelten zwei Sozialpsychologen Joe Luft und Harry Ingham (1955) an der University of California ein einfaches grafisches Schema, das seitdem immer wieder gerne zur psychologischen Betrachtung von menschlichen Beziehungen verwendet wird (s. Abb. 2.1): Dieses Schema, das wie ein Fenster mit einem Fensterkreuz ausschaut, präsentiert vier Fensterscheiben, die jeweils eine Spielart von vier möglichen Kombinationen aus den „Koordinaten" Selbstbild (wie man sich selbst sieht) und Fremdbild (wie andere einen sehen) aufzeigt:

1. Eigenes Verhalten, das sowohl einem selbst als auch einer anderen Person bekannt ist, wird die sog. „öffentliche Person" genannt. Hier decken sich Selbst- und Fremdbild in der Regel.
2. Eigenes Verhalten, das einem selbst unbekannt ist, jedoch von anderen gesehen wird, wird der sogenannte „blinde Fleck" genannt. Die Rückmeldungen

über das eigene, einem nicht bekannte Verhalten, kann dann über das Fremdbild als sachdienlicher Hinweis dazu verwendet werden, Einsichten über die eigene Außenwirkung zu erhalten.

3. Eigenes Verhalten, das nur einem selbst bekannt ist, wird als sog. „private Person" bezeichnet. Hier waltet das Selbstbild des Menschen in seiner Reinform: „So sehe ich mich".

4. Eigenes Verhalten, das weder einem selbst noch anderen Personen bekannt ist, fällt in die Kategorie „Unbekanntes". Verschiedene psychotherapeutische Verfahren wie die Psychoanalyse und die Tiefenpsychologie versuchen, diese unbewussten inneren Anteile aufzudecken und dem bewussten zugängig zu machen.

Doch wie entsteht das Selbstbild? Wie kommen Menschen dazu, ihr Verhalten und ihr Sosein zu benennen? Eine prägende Rolle spielen dabei die frühen Erfahrungen in der Herkunftsfamilie, wie schon Siegmund Freud (1856–1939), der sich als erster mit diesen Zusammenhängen aus logisch-analytischer Sicht beschäftigt hat, feststellte: Die Erlebnisse und Erfahrungen der ersten sieben Lebensjahre begründen die Basis für verschiedene Dimensionen:

1. Vorstellungen von den eigenen Stärken sowie dem eigenen Wesen (Kognitive Ebene)
2. Selbstliebe (Emotionale Ebene)
3. Eigene Antriebsformen (Motivationsebene)
4. Wertende Vorstellungen wie Selbsteinschätzung und Selbstwert (Kognitive Ebene)

	Mir selbst bekannt	Mir selbst unbekannt
Dem anderen bekannt	A Öffentliche Person	C Blinder Fleck
Dem andern unbekannt	B Privatperson	D Unbewusstes

Abb. 2.1 Selbstbild und Fremdbild

Die selbstbildprägenden Erlebnisse und Erfahrungen sind allerdings vorwiegend damit verbunden, was die Bezugspersonen den Säuglingen und Kleinkindern sprachlich und nichtsprachlich rückmelden und spiegeln. Deswegen stellt das Selbstbild von Kindern im Grunde genommen ein Fremdbild dar, welches von Eltern und Bezugspersonen entworfen wird. Ergänzt wird dies durch das, was sich kleine Kinder mithilfe ihrer Fantasie vorstellen und über sich ersinnen.

Je nachdem, wie positiv Sie Ihr eigenes Selbstbild einschätzen, umso höher ist das sogenannte Selbstwertgefühl. Ein niedriges Selbstwertgefühl hingegen wird auch Minderwertigkeitsgefühl genannt. Häufig hindert es den Menschen daran, sein Leben tatkräftig in die Hand zu nehmen. Die besondere ethische Aufgabe von Eltern, Bezugspersonen, Erziehern und Lehrern besteht meines Erachtens darin, dafür zu sorgen, dass ihre Schutzbefohlenen ein gesundes Selbstwertgefühl entwickeln. Findet diese emotionale Unterstützung nur ungenügend statt, dann können dadurch bedingte Entwicklungsdefizite im späteren Leben im Rahmen von Beratung, Coaching und Therapie ausgeglichen werden. Menschen sind in der Regel höchst lernfähig.

Das Johari-Fenster, benannt nach den Vornamen der Autoren Joe Luft und Harry Ingham, sensibilisiert darauf, dass das Fremdbild für die eigene Identitätsbildung ausschlaggebend ist: Decken sich Fremd- und Selbstbild der „öffentlichen Person" in vielen Bereichen, dann entstehen verhältnismäßig wenig Konflikte im Zusammenhang mit dem Selbstbild. Klaffen sie weit auseinander, dann bergen sie Sprengstoff. So wie etwa in dem Fall, in dem jemand von sich behauptet, ein guter Zuhörer zu sein, jedoch ständig andere beim Reden unterbricht. Selbst- und Fremdwahrnehmung stimmen dann kaum miteinander überein.

2.3   Spiegelneuronen und Ich-Identität

Die bereits erwähnten Forschungen von René Spitz aus dem Jahr 1945 zeigten, dass Säuglinge und Kleinkinder, die von ihren Müttern getrennt wurden und in einem Hospital routinemäßig vom Pflegepersonal gefüttert und gewaschen, jedoch nicht gestreichelt oder in irgendeiner anderen Form liebevoll betreut wurden, zu chronischem Angegriffensein und zum Kränkeln neigten. Schließlich verstarben sie durch eine weitere, neu auftauchende Krankheit. Der Körperkontakt zum Säugling und Kleinkind ist also für seine gesunde Entwicklung von ausschlaggebender Wichtigkeit. Das Gehätscheltwerden durch die Mutter oder eine andere Bezugsperson führt dazu, dass entsprechende Areale im Gehirn stimuliert werden, die zur gesunden Kindesentwicklung beitragen. Eine Art Kettenreaktion führt dazu, dass sich dann auch die übrigen Nervenzellen normal entwickeln.

Spitz postulierte damit, dass es neben dem Hunger nach Nahrung auch einen Reizhunger nach physischer Intimität gibt. Später wurde in diesem Zusammenhang der Begriff „Streicheleinheit" kreiert, der darauf hinweist, dass ein gewisses Quantum von täglichen Einheiten für das Gedeihen des Menschen genauso wichtig ist wie etwa Vitaminzufuhr und Flüssigkeitsaufnahme.

Doch nicht nur ein emotionaler Reizentzug führt zu Schädigung des Organismus, auch ein fortgesetzter sensorischer Reizentzug (sensorische Deprivation) zieht nach sich, dass das Lebewesen apathisch wird, degeneriert und schließlich stirbt. Wird ein Mensch bereits über einen kurzen Zeitraum hin in eine Situation gebracht, in der er kaum visuelle, akustische oder sonstige äußere Sinnesreize erlebt, dann besteht die Gefahr, dass in ihm vorübergehende Halluzinationen, Psychosen oder geistigen Störungen entstehen.

Was geschieht, wenn der Säugling oder das Kleinkind nach einer Phase der Zärtlichkeit im engen Körperkontakt mit der Bezugsperson schließlich nach und nach darauf verzichten muss, weil er groß genug ist, sich eigenständig zu bewegen und nicht mehr darauf angewiesen ist, herumgetragen zu werden? Der Mensch wird sich ab dieser Zeit mit Kompromissen zufrieden geben müssen. Diese Kompromisse werden – je nach psychologischer Schule – unterschiedlich bezeichnet. Wir können jedoch festhalten, dass der kindliche emotionale und sensorische Reizhunger sich teilweise in einen Hunger nach „symbolischer Anerkennung" verwandelt. So kann etwa ein Lächeln durch einen anderen Menschen den Reizhunger stillen.

Menschen sind also in der Lage, sich aufeinander einzuschwingen, sowohl auf die Gefühle, als auch auf den körperlichen Zustand des anderen. Wer kennt nicht die Veränderung der eigenen Stimmlage, wenn ein anderer Mensch gerade etwas Trauriges berichtet und man selbst etwas dazu äußert wie: „Das tut mir aber leid für Sie!". Diese Äußerung erklingt dann eher halblaut und von tieferen Tonlagen bestimmt als ein fröhliches „Hallo!" als Erwiderung auf eine „frische" Begrüßung in der Frühe.

Die Fähigkeit, einfühlsam auf den anderen zu reagieren, hängt damit zusammen, dass Menschen sich „irgendwie" vorstellen können, wie es dem anderen innerlich ergeht. Doch wie funktioniert das? Und wie entsteht dieses Resonanz-Phänomen spontan, sodass es sich – wie beim ansteckenden Gähnen – der bewussten Kontrolle des Menschen entzieht und einfach passiert? Und so etwas wie „Gefühlsübertragung" veranlasst? Das Mitschwingen mit der anderen Person ist ja nicht nur auf die Imitation des Gesichtsausdruckes des Anderen beschränkt. Auch eine verbale Schilderung, etwa der Bericht einer anderen Person über deren Zahnschmerzen kann dazu führen, dass Sie selbst das Gesicht leidvoll verziehen. Menschen imitieren etwas, was sie gar nicht direkt erfahren, als wenn die fremden Gefühle zu ihnen gesendet worden wären, also „ansteckend sind".

Videoaufnahmen im Zeitlupentempo zeigen, wie Menschen per Körpersprache beinahe eine Art gemeinsamen Tanz ausführen, um sich aufeinander zu beziehen und einzuschwingen, wenn sie sich anschauen und sich dabei mehr oder weniger Aufmerksamkeit schenken. Der Vorgang dieses automatischen Miteinanders wird in der neurobiologischen Fachsprache „joint attention" (Bauer 2006, S. 12) genannt, also eine Art umfassende geteilte Aufmerksamkeit, die den anderen mit einbezieht.

Doch nicht nur das mehr oder weniger bewusste Mitschwingen per Blickkontakt, Gestik oder Körperhaltung sowie das Einfühlen in Schilderungen der Gefühlszustände unseres Gegenübers ist uns Menschen möglich, sondern auch das eigentümliche intuitive Gefühl, dass beim Anderen „irgendwas nicht stimmt". Wir spüren, wenn der andere „etwas hat" oder dass er uns gegebenenfalls belügt. Dieses Phänomen war lange Zeit als unerklärbare „Intuition" oder „diffuse Ahnung" bekannt, erst vor kurzem jedoch konnten Forscher eine gehirnphysiologische Erklärung dafür liefern.

Schuld daran sind die sogenannten Spiegelneuronen, die sich bei allen Primaten finden lassen und völlig unabhängig vom logisch-analytischen Verstehen oder Begreifen eines anderen Menschen funktionieren. Sie befähigen uns dazu, sich empathisch zu verstehen, indem wir am anderen Menschen Anteil nehmende Gefühle haben: Diese Nervenzellen zeigen das gleiche Aktivitätsmuster beim Betrachten des Verhaltens beim Gegenüber – also in einem passiven eigenen Zustand – wie in einer vergleichbaren Situation, in der man selbst dieses Verhalten aktiv ausführt.

Die menschliche Fähigkeit, intuitive Vorstellungen über die Gefühle und Absichten eines anderen Menschen zu gewinnen, bezeichnen Fachleute heute als die Fähigkeit zur „Theory of mind" (Bauer 2006, S. 15. ff.). Dieses Vermögen wurde zuvor von anderen Autoren „Empathie" genannt.

„Also so jemand bin ich!" Diese Botschaft festigt das eigene Sosein und vermittelt, dass der Mensch auch über einen größeren Zeitraum hinweg ein im Kern kontinuierliches Wesen ist. Dieses eigene Wesen kann zwar auch Stimmungsschwankungen unterliegen, Leistungshochs und Leistungstiefs erleben, sich weiterentwickeln oder Sprünge im Lebenslauf aufweisen, aber es ist auch für andere Menschen immer wieder zu erkennen. Das Wahrgenommenwerden festigt die eigene Persönlichkeit, insbesondere auch durch die Anerkennung, die ein Kind, ein Jugendlicher oder ein Erwachsener durch seine menschliche Umwelt erfährt. Hier steht weniger der Leistungsaspekt im Vordergrund, sondern eher die individuelle emotionale Bestätigung. Aber auch am Arbeitsplatz spielt diese Art von

Bestätigung eine wichtige Rolle. Menschen wollen nicht nur in Bezug auf ihre berufliche Leistung, sondern auch als „fühlender" Mensch in ihren Rollen als Kollege, Vorgesetzter, Konzernleitung, Mitarbeiter, Teammitglied oder Freiberufler gesehen werden.

Befragungsergebnisse im Zusammenhang mit einer von Barbara Kaletta (2008) veröffentlichen wissenschaftlichen Untersuchung ergaben diverse Formen von Anerkennung, die als individuelle emotionale Anerkennung im Alltag und Beruf gelten können und damit identitätsstiftend wirken. Die von Kaletta aufgeführten Punkte lassen sich zum größten Teil auch auf den beruflichen Bereich übertragen und ergeben einen Maßstab für das sprichwörtlich gute Betriebsklima unter Kollegen und Vorgesetzten.

An erster Stelle wurde ein regelmäßiges persönliches Zusammensein genannt, möglichst mit einem sichtbaren Gegenüber, einem face-to-face-Kontakt. Danach die praktische Unterstützung und Hilfeleistung in Alltagssituationen, sowie die verbale Unterstützung, die viele Menschen ja auch als Mut gemacht bekommen erleben. Identitätsstiftend und anerkennend wirkt auch jede Form von Aufmerksamkeit, sei dies in sprachlicher Form oder als kleine Geschenke, die man erhält. Eine wichtige Rolle spielt zudem die Zuverlässigkeit – etwa, dass Versprechen auch eingehalten werden. Ein weiterer Punkt bezog sich auf die Akzeptanz von Unterschiedlichkeit und damit auf einen souveränen Umgang miteinander. Auch das neidfreie Verhalten wurde genannt sowie die Fertigkeit, sich um die Körperlichkeit des Anderen zu sorgen. Als ein besonderes Zeichen von Anerkennung gilt das nonverbale Verstehen, wenn man sich „ohne Worte" gut verstehen kann.

Viele dieser bestätigenden Verhaltensweisen spielen auch im ausschließlich beruflichen Alltag eine große Rolle. Hier finden Sie Formen der Anerkennung, die direkt mit der Berufstätigkeit und der beruflichen Position zu tun haben. Identitätsstiftend wirkt jede Art des fachlichen Lobes und das Zutrauen in die fachlichen Kompetenzen des Berufstätigen durch Kollegen, Vorgesetzte, Auftraggeber und Kunden. Als anerkennend wird auch erlebt, wenn einer Person besondere berufliche Herausforderungen nahegelegt werden. Allgemein wird auch die Beförderung als Zeichen der Wertschätzung wahrgenommen. Die Aufforderung zur Übernahme wichtiger und verantwortungsvoller Tätigkeiten unterstützt ebenfalls die Ebene der Anerkennung über die Berufsrolle. Dies gilt ebenfalls für die Akzeptanz der Fachmeinung der Berufstätigen.

Nicht nur die individuelle emotionale Anerkennung im Alltag und Beruf oder über die Berufsrolle stützt die Ich-Identität eines Menschen, sondern auch die Zugehörigkeit zu einer angesehenen gesellschaftlichen Gruppe. Diese führt quasi per Zuordnung zu einem angesehenen Status, der dem Träger Anerkennung verleihen kann. Hier möchte ich beispielhaft einige Gruppen aufzählen, deren

Angehörigen aufgrund ihrer gesellschaftlichen Position automatisch Bestätigung entgegengebracht wird, sei es durch öffentliche Ehrungen oder durch eine besonders respektvolle Haltung, die den Betreffenden entgegengebracht wird. Viele Formen der Höflichkeit und der Etikette dienen dazu, einem Angehörigen einer angesehenen gesellschaftlichen Gruppe „Ehrerbietung" zu erweisen, etwa durch die Zugehörigkeit zu einer geistigen Elite, wie sie z. B. in Forschung und Lehre zu finden ist. Auch eine politische Elite verleiht seinen Mitgliedern ein besonderes Ansehen, desgleichen, wenn Sie zu einer Finanzkraft-Elite gehören. Ärzte, Juristen, Priester oder weltliche Stars üben Berufe aus, die angesehen sind und wenn Sie zudem noch aus einer besonderen bekannten Herkunftsfamilie stammen, dann verleiht Ihnen diese Tatsache einen besonderen gesellschaftlich anerkannten Status.

Die Einteilung, nach der sich die eigene gesellschaftliche Gruppe ausrichtet, kann jedoch auch nach ganz anderen Gesichtspunkten bestimmt werden wie etwa nach Geschlecht, Alter, Wohnort, Wohnart, sozialer Herkunft oder Einkommen. Weitere Klassifizierungen können Religion, Parteizugehörigkeit oder ethnische Herkunft sein. In jedem Fall gehen aus der jeweiligen „Insider-Kultur" sichtbare Signalwirkungen hervor, die sich auf materielle Weise äußern und die für die Gruppenidentität wichtig sind wie etwa das Tragen von Piercings oder der typischen Perlenkette mit den dazu passenden Perlenohrsteckern bei den standesbewussten Hanseatinnen.

2.4   Der übertriebene Wunsch nach Anerkennung

Wer sich ausschließlich von zu erwartender Anerkennung leiten lässt gerät in die Gefahr, in eine Art Trancewelt zu geraten, in der er sein Selbstwertgefühl davon abhängig macht, wie viel Lob, Belohnung oder Wertschätzung er von außen bekommt. Der Suchscheinwerfer ist akribisch darauf ausgerichtet, Mitmenschen danach abzuschätzen, ob diese bereit sind, einem genug Aufmerksamkeit in verbaler oder nichtverbaler Form zu spenden. Diese Art von Trancewelt kaschiert den echten Wunsch nach Anerkennung, den jeder Mensch in sich trägt und der ein natürliches Überlebensbedürfnis darstellt. Jedes menschliche Wesen möchte letztendlich in seinem Sosein gesehen und bestätigt werden, ohne dass es ein großes Tamtam um sein Vorhandensein veranstalten muss. Hinter dem zwanghaften Wunsch nach ständiger Aufmerksamkeit durch die menschliche Umwelt steht häufig die mehr oder weniger bewusste Befürchtung, nicht liebenswert. zu sein. Diese Befürchtung hat in der Regel eine schmerzhafte Wurzel, die in der Kindheit angelegt worden ist, in der ein Mensch in seinem Sosein nicht angenommen, sondern mehr oder weniger manipuliert wurde, um den Bedürfnissen der Bezugspersonen zu genügen, wie dies u. a. von der Psychoanalytikerin Alice Miller dargelegt wurde (Miller 1980).

Eine beträchtliche Anzahl Menschen ist deswegen darauf erpicht, von außen sehr viel Bestätigung zu bekommen. Entfällt diese Aufmerksamkeit, dann fühlen sie sich schlecht. Auf der anderen Seite lassen sie sich leicht manipulieren. Ein Kennzeichen von Manipulation ist, dass der Manipulierte in der Regel nicht merkt, wie dies geschieht.

Durch besondere Anerkennung, die wie ein angenehmer Mairegen tagtäglich auf einen herab rieselt, gerät der Betreffende in die Gefahr, vom Lob so sehr abhängig zu werden wie ein Süchtiger von seinem „Stoff". Die manipulierende Person verfolgt ihre heimlichen Ziele dadurch, dass sie Geschenke als Köder verwendet und mit Komplimenten lockt. Wer seine eigenen Handlungsweisen ausschließlich darauf ausrichtet, wie prima er bei anderen Leuten ankommt, der hat seinen Fokus nicht in seinem Inneren verortet, sondern diesen nach draußen verlagert. Dies kann zudem die Verpflichtung beinhalten, „nett" zu sein und möglichst wenig anzuecken. Oder im Fall der narzisstischen Persönlichkeitsstörung, alles Mögliche dafür zu tun, um ein aufmerksames Publikum zu bekommen. Entfällt diese Bestätigung, dann zeigt sich diese Person mit rasender Wut oder mit kühler Gleichgültigkeit. Eine weitere Dimension der Anerkennungs-Hysterie besteht in einem besonderen Zeitgeist der „Marke Ich", der dazu anregt,

Abb. 2.2 Ignoranzfalle. (Copyright Lilo Endriss)

ohne Rücksicht auf Verluste im Konkurrenzkampf mit den „Mitbewerbern" möglichst vorne zu liegen, indem man u. a. mit rhetorischen Tricks und Ellenbogenstrategien „auffällt".

2.5   Die Ignoranzfalle

All diesen Verhaltensweisen ist gemeinsam, dass viele Menschen sehr stark darauf ausgerichtet sind, gesehen und gehört zu werden. Die Kehrseite der Medaille besteht darin, dass sie besonders schlecht damit umgehen können, wenn Anerkennung und Bestätigung entfallen, wenn sie „wie Luft behandelt werden" oder wenn man ihnen „die kalte Schulter zeigt" (s. Abb. 2.2).

Doch auch diejenigen Menschen, die sich nicht nach ständiger Anerkennung ausrichten, können durch ignorante Verhaltensweisen völlig ausgebremst fühlen, weil sie deren subtile seelische Gewalt und das Manipulationspotenzial nicht erkennen. Genau dann sind sie in der Ignoranzfalle gelandet.

Spielarten der Ignoranz

3

In welchen Bereichen Sie subtile seelische Gewalt finden

▶ Subtile seelische Gewalt findet sich auf der Ebene der individuellen emotionalen Entwertung im Alltag, der Ebene der individuellen Entwertung über die Berufsrolle und der Ebene der kollektiven Entwertung über die Gruppenzughörigkeit.

Joachim Bauer (2006, S. 105) spricht von sozialer Ausgrenzung, wenn folgendes Verhalten gezeigt wird:

> ... systematische Verweigerung der spiegelnden Verhaltensweisen im Alltag, mit denen sich Personen normalerweise unwillkürlich gegenseitig vermitteln, dass sie den anderen als zugehörig zum gemeinsamen Bedeutungsraum betrachten. Sie betreffen alle Varianten der Spiegelung.

Ich möchte diese Definition der „systematischen Verweigerung von spiegelnden Verhaltensweisen" noch dahin gehend erweitern, dass diese Verweigerung auch unabsichtlich gezeigt werden kann, wie ich dies später noch näher ausführen werde. In jedem Falle können wir festhalten, dass ignorante Verhaltensweisen als „soziale Bestrafung und Ausgrenzung" erlebt werden und sowohl die Ich-Identität, die Existenzberechtigung, Ideen oder Arbeitsergebnisse angreifen.

Dieser Prozess ist dadurch gekennzeichnet, dass der „Angreifer" und seine Vorgehensweisen häufig sehr schwer fassbar sind. Eine aktive Gegenwehr, wie Sie dies im Falle der destruktiven Kritik dem Kritiker gegenüber entwickeln können, entfällt. Deshalb stelle ich das systematische Aufstellen von Ignoranzfallen in die Nähe der sensorischen und emotionalen Deprivation: Fortgesetzter Reizentzug führt dazu, sich als menschliches Wesen „nicht mehr gespiegelt zu

© Springer Fachmedien Wiesbaden GmbH, ein Teil von Springer Nature 2018
L. Endriss, *Die psychische Gewalt der Ignoranzfalle,* essentials,
https://doi.org/10.1007/978-3-658-21835-5_3

bekommen". Reziproke Reaktionen werden verweigert. Das Ziel dieses menschenverachtenden Angriffs auf die Ich-Identität und das vorhandene Selbstbild ist, jemanden auf heimliche Weise in seinen Handlungsspielräumen so weit einzuschränken, dass dieser sich völlig depotenziert und wertlos fühlt.

3.1 Individuelle emotionale Entwertung im Alltag und Beruf

Hier finden Sie eine kurze Zusammenfassung von Entwertungsstrategien in der menschlichen Kommunikation, anhand derer Sie nachprüfen können, ob Sie diese bereits kennen und bei wem Sie diese beobachten können.

1. Versagen von Response-Signalen im Gespräch
   Ihr Gegenüber reagiert mit einem sogenannten „Pokerface", das keine mimischen Veränderungen zeigt, keinen Blickkontakt mit Ihnen aufnimmt oder sich betont aufmerksam mit anderen Dingen beschäftigt.
2. Übergehen sprachlicher Äußerungen
   Hier besteht die absichtliche oder unabsichtliche Strategie Ihres Gesprächspartners darin, Ihre sprachlichen Äußerungen so zu übergehen, als wenn sie gar nicht ausgesprochen worden seien. Sie laufen mit Ihren Wortbeiträgen, Vorschlägen und Ideen auf.
3. Nichtbeachten von Fragen
   Sämtliche Feedback-Möglichkeiten auf Ihr Anliegen hin werden ignoriert: Weder telefonische Rückrufe, noch briefliche Antworten, noch Reaktionen auf Ihre Mitteilungen auf dem AB, noch auf Ihre Fragen per E-Mail finden statt. Auch im persönlichen Gespräch gibt Ihr Gegenüber keine Antworten auf Ihre Fragen.
4. Ablenkungsmanöver
   Sie haben keine Chance, das Gespräch in die Richtung zu lenken, die Ihnen wichtig ist, weil Ihr Gegenüber nicht zuhört, ständig von etwas anderem spricht und notfalls auch noch damit beginnt, mit etwas Belanglosen wie dem Herumrücken von Gegenständen herum zu hantieren.
5. Spott, sich lustig machen
   Ihr Gegenüber kennt Ihre Schwachstellen oder dichtet Ihnen welche an. Die Kommunikation besteht darin, dass man sich ständig darüber lustig macht, was Sie angeblich alles nicht können. Ein „normales Gespräch" ist nicht möglich.
6. Bösartige Neckgewalt
   Mittels kleiner, sich steigernder Provokationen will der Angreifer herausfinden, wie weit Sie sich dies gefallen lassen, ohne das Spiel zu durchschauen.

Man tanzt Ihnen unerkannt auf der Nase herum und weidet sich daran, dass Sie so naiv sind, keine Grenzen zu setzen.

7. Schmeichelei, Schönrednerei und Verführung
   Hier besteht das Ziel des heimlichen Angreifers darin, Sie durch Schönrednerei, Komplimente und besondere Aufmerksamkeiten bis zur Selbstaufgabe zu bringen, um Sie dann eiskalt fallen zu lassen, indem er Sie „nicht mehr kennt".

8. Mitleidsfalle
   Ihr Gegenüber appelliert sehr geschickt nicht nur an Ihr Mitgefühl, sondern auch an Ihr empathisches Mitleid und bringt Sie dazu, nur noch seine Bedürfnisse zu sehen und ihnen nachzukommen. Umgekehrt sind Sie dem Manipulierenden völlig egal – Ihre Bedürfnisse zählen nicht. Diese Strategie finden Sie gehäuft in Beziehungen der Co-Abhängigkeit, etwa bei Alkoholkranken und ihren Partnerinnen.

9. Unterstellungen und Zuschreibungen
   Der Angreifer maßt sich an, Sie durch ein Kreuzfeuer von sog. Du-Botschaften („Du bist dies oder das...!", „Du hast dies oder das getan...!") zu erschüttern, die in keinem Fall Ihrer eigenen Wahrnehmung entsprechen und Sie in Ihrem Selbstbild sowie in Ihrer Identität unterwandern können.

10. Negative Propaganda
    Die Gerüchteküche, die ein heimliches Gegenüber über Ihre angeblichen Verfehlungen anzettelt, verbreitet sich wie eine anwachsende Lawine in Ihrem Umfeld und verdirbt Ihren Ruf.

11. Andeutungen machen
    Die Strategie der entwertenden Kommunikation arbeitet gerne mit rätselhaften Äußerungen, Verwirrspielen, Halbsätzen, Nonsens ohne klaren Bedeutungsinhalt und dem „Zappelnlassen" des Angegriffenen. Sie finden keinerlei Anhaltspunkte.

12. Widersprüchliches Verhalten
    Diese Form der Entwertung verhindert ebenfalls eine klare „Definition der Situation", indem etwa das gesprochene freundliche Wort des Angreifers Ihnen gegenüber etwa in krassem Widerspruch zu seiner ablehnenden Körpersprache steht. Sie wissen dann nicht, worauf Sie reagieren sollen – auf das gesprochene Wort oder die nonverbale Botschaft.

13. Anschweigen
    Diese extreme Form der Ignoranz kann von einem situativen Verstummen bis zu einem jahrelangen Schweigen Ihnen gegenüber führen, obwohl Sie und Ihr Gegenüber gegebenenfalls in einer häuslichen Gemeinschaft oder in einem Büro zusammensitzen. Offensichtlich existieren Sie nicht in den Augen Ihres Gegenübers.

3.2   Individuelle Entwertung über die Berufsrolle

Hier möchte ich Ihnen weitere Formen der Ignoranz vorstellen, die Sie in beruflichen Zusammenhängen beobachten können.

1. Verweigern von Meta-Kommunikation

   Unter „Meta-Kommunikation" versteht man die Fähigkeit, mit einem gewissen Abstand – etwa aus der Vogelperspektive – über die Art der zwischenmenschlichen Kommunikation, des Miteinanders, zu sprechen, etwa: „Ich fühle mich von Ihnen nicht wahrgenommen!". Ein Ignorant würde daraufhin erwidern. „Ich weiß überhaupt nicht, wovon Sie sprechen!"

2. Angriffe auf die Möglichkeiten, sich mitzuteilen

   Sie werden „mundtot" gemacht, indem man etwa Ihre Äußerungen entweder immer wieder unterbricht oder Sie gar nicht erst zu Wort kommen lässt. Auch Ihre Arbeitsergebnisse können auf unerklärliche Art und Weise verschwinden oder einer Zensur unterliegen.

3. Schikane

   Wenn man Ihnen am Arbeitsplatz die entsprechenden Arbeitsmittel zu Erledigung Ihrer Aufgaben vorenthält und Sie dann etwa ganz unschuldig mit Ihrer mangelhaften Leistung vor versammelter Mannschaft „vorführt", dann liegt ebenfalls ein Versuch vor, subtile seelischer Gewalt gegen Sie einzusetzen.

4. Verwenden von entstellter Sprache

   Hier verrät der „verhaltene" oder eiskalte Tonfall des Akteurs, was er von Ihnen hält – nämlich gar nichts. Sie sind etwa – in der Amtssprache – nur eine Zahlenfolge, ein „Fall" oder eine „Figur". Insbesondere in totalitären Systemen wird entstellte Sprache eingesetzt, um den „Untermenschen" klar zu machen, dass sie in den menschenverachtenden Augen ihres Gegenübers nicht zählen.

5. Fachsimpeln

   Der Redner bedient sich einer geschwollenen, mit Fremdworten gespickten Sprache, die dazu geeignet ist, auf massives Unverständnis beim Gegenüber zu führen. Ziel ist nicht zu kommunizieren, sondern Ihnen Ihre Unfähigkeit – etwa in Bezug auf berufliche Kenntnisse – zu demonstrieren.

6. Persönliche Anspielungen machen

   Nach dem Motto „Hier in unserem Besprechungsraum befindet sich eine Person, die unseriös ist. Ich will hier niemanden genau in die Augen sehen!" werden aus der Luft gegriffene Anschuldigungen dazu verwendet, einen Mitarbeiter zu destabilisieren. Natürlich ohne konkret zu werden oder die Quelle der Anschuldigung zu offenbaren.

7. Nicht eingehen auf das, was dem anderen wichtig ist
   Durch folgende Verhaltensweisen versucht der Angreifer, sein Gegenüber zu entwerten: Wortbeiträge überhören, die Werke und Arbeitsergebnisse des Mitarbeiters nicht ansehen oder kommentieren, die vorgelegten wichtigen Unterlagen achtlos zur Seite legen.

8. Zurückhalten und Unterdrücken von Informationen
   Perfider Weise werden Ihnen wichtige Informationen, die Sie zur Ausführung Ihrer Tätigkeiten benötigen, vorenthalten. Irgendjemand, der im Unternehmen die „Hausmacht" hat – etwa die Chef-Sekretärin – boykottiert Sie und Ihre Arbeitsleistung heimlich und unerkannt.

9. Absondern durch Vorgesetzte
   Unliebsame Mitarbeiter und Konkurrenten werden gerne „auf ein Nebengleis" verfrachtet, wo sie keine „Dummheiten" machen können – etwa durch die Versetzung in abgelegene Arbeitsräume oder Standorte, durch fehlende Einladungen zu wichtigen Besprechungen oder durch Pseudoarbeiten, die eher einer „Beschäftigungstherapie", aber keinesfalls Ihrer Qualifikation entsprechen.

3.3 Kollektive Entwertung aufgrund von Gruppenzugehörigkeit

Die Spielarten der Entwertung lassen sich noch um eine weitere Dimension vervollständigen, nämlich die Ihrer sozialen Gruppenzugehörigkeit.

1. Demütigungen aufgrund der Geschlechtszugehörigkeit
   Am bekanntesten sind sexuelle Demütigungen von Männern Frauen gegenüber, die sich gerne auch subtiler Formen bedienen, die von sexistischen Bemerkungen in Anwesenheit von Frauen, über Kommentare in der 3. Person Singular wie „Jetzt guckt sie aber erstaunt!" bis zum öffentlichen Kommentieren ihres Aussehens reichen – stets in ihrer Anwesenheit, als wäre sie gar nicht anwesend.

2. Unsichtbar gemachte Dienstboten
   Die „Unpersonen", wie der Soziologe Goffman (1969) sie betitelt, werden von den „Herrschaften" systematisch übersehen: Putzfrauen und -männer, Küchenpersonal oder Kinderfrauen. Sie sollen möglichst schweigsam ihre Arbeiten erledigen, während man in ihrer Anwesenheit über Gott und die Welt spricht, als wären sie nicht anwesend.

3. Boykott von Geschäftsleuten
   Hier werden Konkurrenten in den finanziellen Ruin getrieben, indem man sie
   und ihre Waren auf heimliche Art und Weise so diffamiert, dass niemand mehr
   dort kaufen möchte.

4. Verkannte Talente
   Angreifer fokussieren sich auf besonders talentierte Mitmenschen, die durch
   ihre Begabungen und Intelligenz, aber häufig auch durch ihre unkonventio-
   nelle Art und Sensibilität aus der Norm fallen. Da sie oft nicht „einzuordnen"
   sind, werden diese „Streber" häufig heimlich ausgegrenzt, da sie sonst zu sehr
   aus der Reihe tanzen würden oder das Weltbild der herrschenden Meinung
   erschüttern würden.

5. Randgruppen
   Wer zu den gesellschaftlich „Minderbemittelten", etwa auf körperlicher,
   geistiger, psychischer, ethnischer oder finanzieller Ebene gehört, kann mit
   gelegentlicher oder ständiger Ausgrenzung rechnen, auch wenn der Artikel 3
   des Deutschen Grundgesetzes verkündet: „Alle Menschen sind gleich." Einige
   sind wohl gleicher …

Ursachen von ignorantem Verhalten   4

Was Sie über die heimlichen Angreifer wissen sollten

▶ Ignorantes Verhalten kann vielfältige Ursachen haben, die nicht immer auf subtiler seelischer Gewalt basieren. Trotzdem erleben Menschen dieses Verhalten mehr oder weniger als Kränkung.

Nicht jedes Gegenüber will sich zielgerichtet ausbremsend und entwertend Ihnen gegenüber verhalten. Trotzdem passiert dies – mit häufig fatalen Folgen. Vorerst möchte ich Ihnen verschiedene Ursachen vorstellen, die nach außen hin zu ignorantem Verhalten führen können und die nicht in menschenverachtender Absicht gezeigt werden.

4.1 Individuell unbeabsichtigtes ignorantes Verhalten

Ihr Gegenüber, sowohl in der Familie, im Alltag als auch im Beruf, kann sich ohne bösen Vorsatz Ihnen gegenüber entwertend verhalten. Folgende Gründe können dazu führen:

1. Mangelnde Kontaktfähigkeit
   Schüchterne, zurückhaltende Menschen verfügen häufig nicht über das, was in Neudeutsch „Sozialkompetenzen" genannt wird, manche von ihnen sind derartig menschenscheu, dass jede Art von „Smalltalk" sich für sie zu einer Bewährungsprobe entwickelt, der sie sich nicht gewachsen fühlen.

© Springer Fachmedien Wiesbaden GmbH, ein Teil von Springer Nature 2018   21
L. Endriss, *Die psychische Gewalt der Ignoranzfalle*, essentials,
https://doi.org/10.1007/978-3-658-21835-5_4

2. Passiv-aggressive Persönlichkeit
   Die innere Grundhaltung „Ich bin nicht o.k." und „Du bist nicht o.k." zeichnet
   diese Persönlichkeiten aus, weswegen sie häufig aufgrund ihrer ablehnenden
   Einstellung nicht in der Lage sind, auf die Belange anderer Menschen einzu-
   gehen.
3. Autistische Persönlichkeit
   Typisch für die Art der Persönlichkeitsstörung ist das ständige Insichgekehrt-
   sein, was sich u. a. darin äußert, dass die Betreffenden auch keinen Blickkontakt mit ihrem Gegenüber aufnehmen können. Zudem können sie auch nicht in
   den Gesichtern anderer Menschen „lesen" und deren Befindlichkeit entziffern.
4. Physiologische Schwächen
   Hier führen Sehfehler oder ein schlechtes Gehör dazu, dass andere Menschen
   in ihrer Anwesenheit und ihren Äußerungen ignoriert werden.
5. Zerstreutsein durch Reizüberflutung
   Besonders sensible Menschen, die dadurch gekennzeichnet sind, ihre Umwelt
   zeitnah auf mehreren Wahrnehmungskanälen aufzunehmen, neigen dazu, bei
   Reizüberflutung unbewusst „abzuschalten" und das Außen „auszublenden",
   um sich zu schützen.
6. Abgelenkt und mit anderem beschäftigt sein
   Hier „widmet" sich jemand einem spannenden Thema oder Projekt, das ihn
   völlig in seiner sonstigen Außenwahrnehmung einschränkt, etwa so wie Kinder völlig in ihrer Spielwelt aufgehen können und den „Flow" erleben.
7. Überforderung in der aktuellen Lebenssituation
   Wer etwa in einer problematischen oder verwirrenden Lebenssituation steckt,
   mit der er sich andauernd innerlich beschäftigt, der ist oft kaum in der Lage,
   nach außen empathisch zu reagieren und „im Moment anwesend zu sein".

4.2 Individuell beabsichtigte ignorante Handlungsstrategien

Hier bekommen Sie einen Einblick in die Schattenseiten der menschlichen Psy-
che. Viele von Entwertung Betroffene ahnen nicht, dass man ihnen ganz bewusst
eine Ignoranzfalle stellt, um ihnen heimlich Schaden zuzufügen. Sie gehen von
einem eher naiven Menschenbild aus, das sie daran hindert, diese Niedertracht zu
erkennen.

1. Starker Wunsch, Situationen zu kontrollieren
   Wer eine „Karriere im Minenfeld" unseres Wirtschafts- und Gesellschaftssys-
   tems aufnimmt, der bedient sich häufig auch unredlicher Mittel, um die eigene

Position zu festigen. Der Angreifer empfindet dann eine besondere Freude am Einsatz seiner heimlichen Machtmittel, die dazu führen, unliebsame Konkurrenten auszuschalten.

2. Sich nicht in Karte schauen lassen wollen
   Ein weiterer Grund, weswegen ein Mensch „mauert" und ganz bewusst Informationen zurückhält, ist, dass er etwas zu verbergen hat und sich hinter seinem „Pokerface" versteckt.

3. Narzissmus als Persönlichkeitsstörung
   Menschen, die ein übersteigertes Bedürfnis nach Anerkennung und Bewunderung in sich tragen, sind auch dadurch gekennzeichnet, dass sie nicht über die Fähigkeit verfügen, sich empathisch in andere Menschen hinein zu versetzen, die sie als Konkurrenten erleben und die sie „ausschalten" müssen.

4. Borderline- Persönlichkeit
   Ihr Krankheitsbild ist u. a. dadurch gekennzeichnet, dass sie sich ihrer eigenen kontinuierlichen Ich-Identität nicht sicher sind. So brechen sie etwa unerwartet und radikal persönliche Kontakte, insbesondere zu nahestehenden Personen, ab.

5. Angriff auf die Vitalität des Anderen
   Hier handelt es sich nach Hirigoyen (2000) um pervers-narzisstische Attacken, die zum Ziel haben, alles Kreative, Lebendige und Fröhliche im Umfeld, egal ob privat oder im Beruf, zu zerstören.

6. Neidgefühle
   Mitunter führen auch mehr oder weniger verdrängte Neidgefühle einem anderen Menschen gegenüber dazu, dass der Angreifer sich berechtigt fühlt, sich an demjenigen schadlos zu halten, der angeblich etwa klüger, schöner oder reicher als man selbst ist.

7. Rachefühle
   Rachegefühle können aus einer tatsächlichen oder vermeintlichen Kränkung des eigenen Selbstwertgefühls durch eine andere Person erwachsen und liefern dem Angreifer einen Grund, den Anderen heimlich zu schaden.

8. Eifersucht
   Eifersüchtige missgönnen dem Anderen die Achtung, Zuneigung und Liebe durch Dritte, weil sie selbst der Ansicht sind, in ihrem Leben zu wenig davon abbekommen zu haben.

9. Suchtverhalten
   Süchtige zeichnen sich u. a. durch eine stets zunehmende Bedürftigkeit aus und nutzen ihre entwertende und manipulative Art der Kommunikation dazu, Nahestehende in eine untergeordnete oder co-abhängige Position zu manövrieren, bis diese die Verantwortung für ihr eigenes Wohlergehen abgeben und sich nach Strich und Faden ausnutzen lassen.

4.3   Kollektiv beabsichtigte ignorante Handlungsstrategien

Manchmal führt Ihre gesellschaftliche Gruppenzugehörigkeit dazu, dass Sie, sozusagen als verfügbarer Stellvertreter, entwertet werden. Dies entspricht einer sozialpsychologischen Sichtweise.

1. Einsatz von Sündenböcken
   Ursprünglich diente das Schlachten eines Bockes dazu, die „Schuld" beziehungsweise die Konsequenzen eines fehlerhaften Verhaltens, eines Missgeschickes oder eines Unglücks innerhalb einer Gruppe „magisch" per Ritual auf eine außerhalb der Gemeinschaft stehenden Instanz zu übertragen. Diese Handlung entlastete von der Verantwortung und von dem unangenehmen Gefühl, versagt zu haben. Heute müssen Einzelpersonen oder Gruppen dafür herhalten, dass eine „Ingroup" die Verantwortung für ihr eigenes Fehlverhalten auf eine „Outgroup" beziehungsweise deren gesellschaftlichen Gruppenmitglieder abwälzt.

2. Wettstreit um begrenzte Ressourcen
   Um sich und seine Ingroup gesellschaftlich erhöhen zu können, besteht gelegentlich das Problem, dass Angehörige von Outgroups nach den eigenen gesicherten knappen Wirtschaftsgütern oder Privilegien trachten. „Wenn das – Wohlstand, Bildung und gesellschaftliches Ansehen – nun jeder hätte, wo kämen wir da hin?". Und wer möchte schon gerne mit einem gebildeten, gut verdienenden Müllwerker im Golfklub zusammen spielen? Die eigene gesellschaftliche Position wäre dann völlig perdu. Und so werden manche Ressourcen bewusst knapp gehalten und den Outcasts vermittelt, dass sie da einfach nicht dazu gehören.

3. Stabilisierung des Wirgefühles
   Wenn Sie Ihr positives Selbstbild dadurch definieren, dass Sie sich einer bestimmten gesellschaftlichen Gruppe zugehörig fühlen, dann übernehmen Sie nicht nur häufig die entsprechenden Rollenerwartungen, wie Sie sich etwa als Handwerker, Intellektueller oder Firmenchef zu verhalten haben, sondern Sie geraten auch leicht in die Gefahr, sich gleich die entsprechenden Feindbilder der jeweiligen Gruppe eingehandelt zu haben – die praxisfernen Theoretiker, die Begriffsstutzigen oder die Arbeitsscheuen. Die niemals hinterfragte Identifizierung mit den Normen und den Rollenerwartungen der als höherwertig eingeschätzten eigenen Ingroup schafft Sicherheit für deren Mitglieder.

4. Schutz vor bedrohter sozialer Identität

   Wenn eine gesellschaftliche Gruppe droht, etwa aufgrund von veränderten Rahmenbedingungen wie Krisenzeiten oder durch technologischen Fortschritt bedingten gesellschaftlichen Wandel auseinanderzufallen, dann findet sich schnell eine „Fremdgruppe", die man massiv entwerten kann, um sich selbst darüber wiederzufinden. Dies können Sie etwa bei der sogenannten „Esoterik-Szene" oder Sekten beobachten, die all diejenigen Menschen ausgrenzen, die mit Tatsachen und Fakten das wackelige Gerüst der technikfernen oder energetischen Heilsbringer-Ideologie ins Schwanken bringen könnten.

5. Weitergabe von eigener Gruppen- Entwürdigung

   Die Theorie der sozialen Desintegration vermutet, dass das Erleben von eigenen Anerkennungsmängeln sowie ab- und entwertendes Verhalten als Mitglied einer disqualifizierten Ingroup durch andere Menschen dazu führen kann, dass man „gesellschaftlich noch schwächere Gruppen" entwertet und ihnen gleiche Rechte vorenthält (Kaletta 2008).

6. Orientierung an Ignoranzvorbildern

   Wenn sich ein Gruppenmitglied einer Ingroup in einer für ihn undurchschaubaren, mehrdeutigen, schwer zu interpretierenden Situation befindet und nicht so recht weiß, was zu tun und zu lassen ist, dann schaut derjenige erst einmal danach, was die anderen tun. Die Anwesenden üben, ohne dies bewusst zu wollen, durch ihr Verhalten einen informellen, als nicht klar benannten sozialen Einfluss auf jedes Mitglied aus und man orientiert sich an einander. Wenn die anderen Gruppenmitglieder jedoch auch nicht recht einschätzen können, was los ist, dann entsteht die sog. „pluralistische Ignoranz" – keiner macht oder sagt etwas und es entsteht eine Art Verantwortungsdiffusion. Im Zusammenhang mit unterlassener Hilfeleistung kann solch ein Verhalten dazu führen, dass ein um Hilfe rufendes Opfer völlig ignoriert wird, wie dies etwa in dem historischen Fall von Kitty Genovese geschah, die am hell lichten Tag trotz ihrer Hilferufe erstochen wurde.

Die Auswirkungen von Ignoranz auf das Selbstbild

5

Wie Sie durch die Ignoranzfalle manipuliert werden

▶ Andauerndes entwertendes Verhalten kann das Selbstbild des Menschen völlig untergraben und zu einer extremen Kränkung führen. Dabei spielt die individuelle Bewertung der Gesamtsituation durch den Angegriffenen eine besondere Rolle.

Verhaltensweisen anderer Menschen verursachen in uns die unterschiedlichsten Reaktionen. Je nach dem, was wir „da draußen" wahrnehmen und wie wir diese Wahrnehmungen interpretieren, lösen diese stets auch Gefühle in uns aus. Sie bekommen hier Einblick in das Phänomen, dass Menschen häufig mit einer „erworbenen Opferrolle" reagieren, indem sie blindlinks in die für sie heimlich aufgestellte Ignoranzfalle hineinsteuern. Sowohl Gefühle des Gekränktseins, der Schmälerung des Selbstwertgefühls, Vitalitätsverlust und impulsive Reaktionen können dann den Ausgangspunkt einer steilen Karriere ins Abseits bilden. Diese Schachmattposition verhindert nachhaltig, Situationen im eigenen Interesse zu beeinflussen und sich wieder lebendig zu fühlen.

Ihre Gefühlsreaktionen sind jedoch „gelernt", sie hängen von Ihrer Biografie und all den Vorerfahrungen zusammen, die Sie bewusst und unbewusst in sich tragen. Erst wenn Sie sich Ihre Gefühle bewusst klar machen, können Sie anschließend entscheiden, wie Sie sich verhalten und wie Sie in Zukunft handeln wollen. Genau darin besteht die Chance, wenn Menschen sich ihrer „innerer Arbeit" widmen.

© Springer Fachmedien Wiesbaden GmbH, ein Teil von Springer Nature 2018   27
L. Endriss, *Die psychische Gewalt der Ignoranzfalle,* essentials,
https://doi.org/10.1007/978-3-658-21835-5_5

5.1   Ausgelöste Gefühle

Schauen Sie sich bitte die folgende Aufzählung an und klären Sie für sich ab, welche Gefühle in Ihnen in der Vergangenheit entstanden sind, als Sie, Ihre Arbeitsergebnisse oder Ihre besonderen, häufig auch sensiblen Werke – beabsichtigt oder unbeabsichtigt – überhört oder übersehen wurden.

1. Ich fühle mich beschämt
2. Ich fühle mich überflüssig
3. Ich fühle mich minderwertig und unwichtig
4. Ich fühle mich wütend
5. Ich fühle mich traurig
6. Ich fühle mich gekränkt
7. Ich fühle mich enttäuscht
8. Ich fühle mich so, als wenn ich die Kontrolle verliere
9. Ich fühle mich als Nichtsnutz
10. Ich fühle mich gelähmt
11. Ich fühle mich unlebendig
12. Ich fühle mich erstarrt und versteinert
13. Ich fühle mich verwirrt und unwirklich
14. Ich fühle mich irgendwie „verrückt"
15. Ich empfinde Rachegefühle
16. Sonstige Gefühle

Viele Betroffene erleben extreme Kränkungsgefühle, oft mischen sich diese auch mit Schuld- und Schamgefühlen, weil diese Menschen schon in der Kindheit durch den Erziehungsstil ihrer Eltern erfahren haben, dass ihr unerwünschtes kindliches Verhalten mit Ausgrenzung, Nichtbeachtetwerden oder Anschweigen bestraft wurde. Das geschwächte Selbstwertgefühl äußert sich dann häufig auch in einem Verlust der eigenen Lebendigkeit (Vitalitätsverlust) sowie in depressiven psychischen Reaktionen. Körperliche Symptome wie Schlafstörungen, Dauererschöpfung, Reizmagen oder Fressanfälle können dazu führen, dass sich bei den Betroffenen die breite Palette psychosomatischer Erkrankungen zeigt. Werden diese Symptome unabhängig von der Gesamtsituation des Menschen behandelt, dann bessert sich der Gesamtgesundheitszustand kaum. Eine ärztliche Diagnose und Behandlung sollte daher auch immer die psychosozialen Dimensionen des Patienten erfassen.

Das Gefühl, schachmatt gesetzt worden zu sein, führt in vielen Fällen zu Hoffnungslosigkeit, wie Sie dies etwa bei den Angehörigen von Randgruppen unserer Gesellschaft beobachten können – seien es Langzeitarbeitslose, Obdachlose oder Menschen, die von Altersarmut betroffen sind.

Wer unter dem Dauerangriff durch subtile seelische Gewalt zu leiden hat, der kann Unwirklichkeitsgefühle entwickeln wie sie etwa in Experimenten zum sensorischen Reizentzug (Deprivation) nachgewiesen werden konnten. Diese Gefühle können dazu führen, dass Ihre Ich-Identität Schaden leidet und Sie sich „verrückt" fühlen.

Manch einer reagiert jedoch auch mit impulsiven Reaktionen nach außen, weil er sich nicht respektvoll behandelt fühlt – das kann eine rächende körperliche Attacke wie ein Fußtritt oder eine Ohrfeige sein. Derjenige, dessen Werk entwertet wird, kann auch voller Grimm das Geschaffene zerstören und so sich selbst schaden.

Auch weisen Amokläufer oder Attentäter in ihrer Biografie massive Entwertungserfahrungen auf. So ist der Ursprung alltäglicher Gewalt häufig auch auf fehlende Resonanz und extreme Kränkungsgefühle zurück zu führen.

5.2   Individuelle Bewertung der Situation

Mittlerweile haben Sie einen umfassenden Einblick in die psychische Dynamik der Ignoranzfalle bekommen. Das Fatale an den von uns Individuen als entwertend wahrgenommenen Verhaltensweisen unserer Mitmenschen ist, dass sie auch dann treffen können, wenn sie – wie weiter oben dargelegt – nicht absichtlich als bösartige Ignoranzfalle aufgestellt wurden. Im Nachhinein fühlen Sie sich entlastet, wenn Sie eine „harmlose Erklärung" für entwertendes Verhalten finden. Hier zeigt sich die immense Bedeutung der sog „individuellen Bewertung der Situation". Schon Epiktet vertrat vor 2000 Jahren die philosophische Haltung, dass „es nicht die Dinge selbst sind, die uns beunruhigen, sondern die Vorstellungen und Meinungen von den Dingen".

In diesem Zusammenhang habe ich im Rahmen meiner Coaching-Tätigkeit den Begriff des „Fiaskofaktors" entwickelt: Auf diese Weise lernen Klienten, für sie schwierige Situationen wie etwa Krisen und Misserfolge in einer Rangfolge von 1 bis 10 einzuordnen. Je „dramatischer" sie die jeweilige Situation individuell beurteilen, umso höher fällt der „Fiaskofaktor" aus und umso weniger sind sie in der Lage, sich aus der negativen Gedankenspirale zu lösen, insbesondere, wenn sie die Situation „ganz persönlich nehmen". Das Ziel des Coaching ist, Klienten darin zu unterstützen, den Fiaskofaktor nach und nach „herunterzufahren", um wieder handlungsfähig zu werden.

So spielt in jedem Fall Ihre individuelle Bewertung der Situation eine außerordentlich große Rolle, wie Sie in Zukunft mit schwierigen Situationen umgehen werden.

5.3   Abschied von der Verwicklung

Um das eigene Leben wieder in den Griff zu bekommen ist es nicht nur sinnvoll, die Manipulation durch subtile seelische Gewalt zu durchschauen, sondern auch, die bisherige Position als angegriffenes menschliches Wesen zu verlassen.

Mit sieben Schritten raus aus der Ignoranzfalle:

1. Schritt: Wahrnehmungsschulung
   Sensibilisieren Sie sich darin, Ignoranzfallen als solche zu erkennen und für sich zu benennen.
2. Schritt: Selbstreflexion
   Übernehmen Sie Verantwortung für die dadurch ausgelösten echten Gefühle.
3. Schritt: Abstandnehmen
   Versuchen Sie, loszulassen und den Schock zu verarbeiten.
4. Schritt: Autonomie
   Lassen Sie sich nicht in ein Täter-Opfer-Spiel verwickeln.
5. Schritt: Abgrenzen
   Sagen Sie Ignoranten gegenüber STOP und weisen Sie auf persönliche und/ oder arbeitsrechtliche Konsequenzen hin.
6. Schritt: Umdefinieren
   Zeigen Sie im Kontakt mit Ignoranten Unerwartetes.
7. Schritt: Annahme von Beistand
   Holen Sie sich Unterstützung.

Selbstcoaching im Fokus auf die eigene Psyche   6

Mit welchen Tools Sie Ihr Inneres stärken

▶ Selbstcoaching setzt hier primär im eigenen Innenleben an und hilft, ein gekränktes Selbstwertgefühl wieder zu stabilisieren, um mehr Resilienz zu entwickeln.

Im Folgenden finden Sie praktische Coaching-Tools, die Sie darin unterstützen sollen, Ihr Inneres wieder zu stärken. Erfahrungsgemäß ist es dabei wichtig, wirklich sinnlich erfahrbare Aktivitäten zu starten. Deswegen empfehle ich Ihnen im Sinne eines guten Selbstmanagements, dass Sie die hier vorgestellten Aufgaben tatsächlich auch praktisch ausprobieren.

6.1 Das Rote-Kreuz-Köfferchen öffnen

Überlegen Sie, was Sie für sich tun können, um Ihre Wunden zu lecken. Was fällt Ihnen dazu ein? Und was würden Sie einem guten Freund oder einer guten Freundin in einer ähnlichen Situation empfehlen? Setzen Sie zumindest einen der Vorschläge gleich heute um.

© Springer Fachmedien Wiesbaden GmbH, ein Teil von Springer Nature 2018
L. Endriss, *Die psychische Gewalt der Ignoranzfalle*, essentials,
https://doi.org/10.1007/978-3-658-21835-5_6

6.2   Täter-Opfer-System durchbrechen

Verlassen Sie die Opferrolle, indem Sie die folgenden inneren Schritte abarbeiten:

1. Versuchen Sie, sich vor Ihrem geistigen Auge Situationen aus der Vergangenheit klar vorzustellen und beschreiben Sie genau, wie man versucht hat, Sie zu entwerten.
2. Verlassen Sie nun die Rolle des Angegriffenen und tauschen Sie diese mit der Rolle des aufmerksamen Beobachters. Stellen Sie sich bitte vor, wie sich Ignoranten auch in Zukunft typischerweise Ihnen gegenüber verhalten werden.
3. Teilen Sie jetzt bitte sämtlichen früheren und möglichen zukünftigen Ignoranten folgenden Satz mit:

> Aus welchen Gründen auch immer Menschen sich mir und meinen Werken gegenüber entwertend zu verhalten versuchen, das ist deren Problem, nicht das meine! Ich fühle mich dadurch weder direkt noch indirekt angesprochen!

6.3   Vorwürfe aushalten

Atmen Sie einmal tief durch tief durch und nehmen Sie sich Zeit, eine typische Schuldgefühl-Situation zu erkunden, die entsteht, wenn man Sie anschweigt oder links liegen lässt. Überprüfen Sie die ungeschriebenen Spielregeln, das Unausgesprochene, das Vermutete, all das, was offensichtlich diese Situation bestimmt:

> Wo steht geschrieben, dass ich ……. tun muss?

Suchen Sie das Gespräch mit dem vorwurfsvoll Schweigenden, indem Sie in etwa zu ihm sagen könnten: „Tut mir leid, wenn du dich so fühlst, dass du dich von mir zurückziehst. Du hast ein Recht auf deine Sichtweise, deine Meinung und deine Wünsche. Ich hatte nicht vor, dir zu schaden. Wir sind im Punkt x anderer Meinung."
Bitte entschuldigen Sie sich nicht unaufgefordert, dies würde ja bedeuten, dass Sie zuvor „Schuld auf sich geladen" hätten … Falls Sie jedoch einen Fehler gemacht haben sollten, dann sollten Sie ihn umgehend korrigieren.
Am besten, Sie schreiben sich auf einen Zettel, was Sie in Zukunft zu sich sagen werden, um den seelischen Druck auszuhalten, der durch emotionale Erpressung mittels Anschweigen entstehen kann.

6.4   Kontroll-Instrumente einsetzen

Was tun, wenn vorübergehend niemand da ist, der auf uns eingeht, zuhört und die Fortschritte und Entwicklungen unserer selbst und unserer Werke registriert? Wo bleiben wir Menschen dann mit unserem unbefriedigten Reizhunger, unserem Bedürfnis nach Echo? Dafür eignen sich sogenannte „instrumentelle" Feedback-System.

Einzelpersonen, die auf einer einsamen Insel gestrandet waren, haben einst tagtäglich an einer Felswand Markierungen angebracht, um daran zu erkennen, wie viele Tage sie schon dort verbracht haben. Daran konnten sie auch ihr „Vorhandensein" abzulesen. Auch das Benutzen eines Schrittzählers kann dazu dienen, eine Rückmeldung über die eigenen täglichen Bewegungsaktivitäten zu erhalten. Checklisten erfüllen ebenfalls den Zweck, einen Überblick über sämtliche zu erledigenden Teilschritte eines Projektes zu präsentieren, um dann jeweils das Erledigte durchzustreichen. Mit diesen Methoden der Selbstorganisation können Sie „locker" auf eine Rückmeldung von außen verzichten.

Ich empfehle Klienten für ihr Selbstmanagement, stets ein goldenes Sternchen in einen nicht digitalisierten Kalender zu kleben, immer dann, wenn sie sich eine schöne Auszeit gegönnt haben. „Funkelt" der Kalender längere Zeit nicht, dann ist dies ein Zeichen dafür, dass sie noch nicht gut genug für sich gesorgt haben. Auch das ist ein Feedback! Ich persönlich hebe gerne Entwürfe und sichtbare Frühstadien meiner kreativen Projekte auf, um daran im Vergleich mit zeitlich späteren Stadien meine Fortschritte zu messen. Ein Haushaltsbuch oder ein Kassenbuch mit sämtlichen Ein- und Ausgaben pro Monat stellt ebenfalls ein instrumentelles Rückmeldesystem dar, das einem selbst zeigt, wie gut man wirtschaften kann.

6.5   Selbstwirksamkeit wiedergewinnen

Um sich aus einer ausgebremsten Situation zu befreien, können Sie sich einmal klar machen, welche Erfolge Sie in der Vergangenheit und in der Gegenwart erreicht haben. Erfolg kommt von erfolgen, ist also etwas, das Sie sich persönlich vorgenommen haben und was dann tatsächlich auch erfolgte – auch jenseits irgendwelcher Reaktionen durch andere Menschen. Lernen Sie, jeden, aber auch jeden kleinen Erfolg, den Sie in der nächsten Zeit im Sinne von „Erfolgen" registrieren, wert zu schätzen.

Nutzen Sie die Schriftlichkeit! Notieren Sie Ihre heutigen kleinen und großen Erfolge in folgendem Sinn: „Ich wertschätze, dass ich heute Morgen rechtzeitig aufgestanden bin!" „Ich wertschätze, dass ich dieses unangenehme Telefonat heute erledigt habe!" oder „Ich wertschätze, dass ich heute alles, was auf der Einkaufsliste stand, eingekauft habe!".

6.6   Gesunden Egoismus entfalten

Mit dem positiven Egoismus ist eine positive Einstellung zu sich selbst gemeint, die mit einer stabilen Ich-Identität und mit einem entsprechend starken Selbstwertgefühl verknüpft ist. Dieses Selbstwertgefühl bleibt auch erhalten, wenn ein Mensch und seine Arbeitsergebnisse von anderen nicht gesehen werden oder wenn er im Leben Rückschläge erleidet. Ein Mensch mit gesundem Egoismus hat seine Ich-Identität von äußerer Anerkennung abgekoppelt, so kann er etwa auf ein Feedback durch Bewunderer verzichten.

Hilfreich dabei ist, wenn Sie für sich mindestens drei passende Beispiele zum Thema „Von Resonanz unabhängige Erfolge" zusammen stellen, die sowohl aus Ihrem Privat- als auch aus dem Berufsleben stammen können. Ergänzen Sie bitte jedes Beispiel mit der Bemerkung „Geht doch!".

6.7   Aus der Reihe tanzen

Nehmen Sie sich probeweise einmal die sog. Exzentriker zum Vorbild. Diese menschliche Spezies zeichnet sich dadurch aus, dass sie freiwillig und selbst gewählt unangepasstes und eigenwilliges Verhalten zeigen. Die Angehörigen dieses freimütigen Menschenschlages interessieren sich nicht dafür, was andere über sie denken, wobei sie jedoch in der Regel ein offenes freundliches Verhalten gegenüber ihren Mitmenschen zeigen. Ihre besonders ausgeprägte Neugier führt sie zu ungewöhnlichen Hobbys und Interessen – völlig unabhängig von gesellschaftlicher Anerkennung oder Bestätigung.

Experimentieren Sie einmal damit, welche erste kleine Idee von „exzentrischen Verhalten" Sie heute einmal ausprobieren möchten, um ganz bewusst etwas zu tun, das kreativ und ungewöhnlich ist, das man noch nicht von Ihnen kennt, das Ihnen Freude bereitet und Sie beglückt, egal, ob ihre Umwelt Ihre Meinung dazu teilt.

Selbstcoaching im Fokus auf den Angreifer

Mit welchen Tools Sie Ignoranten Contra bieten

▶ Selbstcoaching zielt hier auf den direkten Umgang mit Ignoranten und zeigt, wie man sich gegen subtile Angreifer wehren kann, wobei auch ungewöhnliche Wege zur Diskussion stehen.

Wie Sie gesehen haben kann auch ohne hinterhältige Absichten innerhalb der Interaktion zweier Menschen so etwas wie eine Ignoranzfalle entstehen. Und das hat häufig mit sog. Ereignisfolgen zu tun, auf die Menschen manchmal wenig Einfluss haben.

Fallbeispiel:

Sie schreiben einer Bekannten eine freundliche E-Mail, um sie zu einem Treffen einzuladen. Die Bekannte freut sich sehr darüber und antwortet umgehend. Die E-Mail jedoch geht in der Flut Ihres Posteingangs unter.

Sie stellen fest, dass die Bekannte nicht auf Ihre Einladung reagiert hat. Offensichtlich hat sie keine Lust, Sie zu besuchen – sie hätte aber zumindest absagen können. Sie zu ignorieren ist schon ziemlich unverschämt! Sie beschließen, Ihre Bekannte im Gegenzug ebenfalls zu ignorieren.

Die Bekannte hingegen fühlt sich gekränkt, weil sie nun gar nichts mehr von Ihnen hört bzw. liest – keine Infos zu Ort und Zeit des Treffens. Mit solchen Leuten wie Sie will die Bekannte nun nichts mehr zu tun haben.

Eine gute Idee wurde durch eine unglücklich verlaufende Ereignisfolge also nicht umgesetzt und die Beteiligten sind sich seit dieser Zeit womöglich „spinnefeind": Jeder hat vorhersehbar reagiert – keiner hat den Versuch gemacht, sich anders als

© Springer Fachmedien Wiesbaden GmbH, ein Teil von Springer Nature 2018
L. Endriss, *Die psychische Gewalt der Ignoranzfalle,* essentials,
https://doi.org/10.1007/978-3-658-21835-5_7

gewohnt zu verhalten. Hier kann die Lösung nur darin bestehen, sich anders als gewohnt zu verhalten.

Sie werden im Folgenden einige Selbstcoaching-Tools kennenlernen, die Sie darin unterstützen, in der Interaktion mit Ignoranten „unerwartetes" Verhalten zu entwickeln.

7.1   Würdevolle Abwehr zeigen

Ignoranten rechnen damit, dass Sie ihr Spiel nicht durchschauen. Da Sie jedoch mittlerweile viele Einblicke und Hintergründe in die Mechanismen der subtilen Gewalt erhalten haben, verfügen Sie über einen passablen Schutzschild.

Bitte formulieren Sie für sich einen Satz, aus dem hervorgeht, dass Sie es wert sind, sich aus sämtlichen Ignoranzfallen von außen zu befreien: Diesen Satz können Sie bei passender Gelegenheit gerne auch einmal laut äußern.

7.2   Auf Neid auslösende Mitteilungen verzichten

Manche Mitmenschen ertragen es nicht, dass andere vielleicht begabter, reicher, schöner, klüger, kreativer oder erfolgreicher sind als sie selbst. Die Betreffenden merken häufig gar nicht, dass ihre nach außen gezeigte Vitalität und Lebenslust provozierend wirken kann.

Machen Sie sich klar, wem gegenüber Sie in Zukunft Berichte über Ihre wunderbaren Erlebnisse, tollen Urlaubsreisen, herzensgute Familie/Ihren Partner oder erfüllenden kreativen Projekten weniger freimütig zur Kenntnis geben.

7.3   Reklamieren

Ein verändertes Verhalten Ihrerseits kann auch darin bestehen, dass Sie dem Ignoranten gegenüber sehr selbstbewusst Re-Aktionen einfordern – am besten in Anwesenheit weiterer Personen. Haken Sie nach, lassen Sie nicht zu, dass man Sie auflaufen lässt und setzen Sie auch gerne Ihre Körpersprache gekonnt ein. Überlegen Sie sich vorher, mit welchen Formulierungen Sie spürbare, mit Anhaltspunkten versehene Rückmeldungen zu Ihnen oder Ihrer Arbeit bekommen können.

7.4   Metakommunikation einsetzen

Unter Metakommunikation verstehen Psychologen die Art und Weise, wie wir miteinander reden. Der Dialog, das Gespräch, das Miteinander oder Gegeneinander wird damit aus der Vogelperspektive heraus betrachtet, etwa „Ich fühle mich durch Ihr ständiges Schweigen nicht wahrgenommen." Oder „Häufig reagieren Sie nicht, wenn ich Sie etwas frage." Machen Sie sich klar, wem gegenüber Sie die Zauberformel „Ich möchte, dass dieses Verhalten aufhört!" aussprechen möchten und welche dritte Instanz (Anwesende, Vorgesetzte, Familienmitglieder) Sie als Verstärkung dabei haben möchten.

7.5   Subversive Interventionen anwenden

Subversive Strategien sind gewisse aufrührerische Vorgehensweisen, die der menschlichen Umwelt einen Spiegel vorhalten, der ihnen ihre eigenen destruktiven und entwertenden Botschaften in verwandelter Form zurückgibt. Bekannt sind da etwa die humorvollen Eulenspiegel-Geschichten, die damit aufwarten, dass Eulenspiegel sich mit den Autoritäten oft einen Spaß erlaubt. Vielleicht fällt Ihnen eine feine kleine humorvolle subversive Aktivität ein, die Sie gerne einmal bei nächster Gelegenheit in Gegenwart eines Ignoranten ausprobieren möchten.

7.6   Umschichten

Wenn Ihnen und Ihrer Arbeit gegenüber trotz aller Anstrengungen Response versagt wird, dann sollten Sie sich diese bittere Tatsache klar machen und darauf verzichten, in Zukunft von jemandem wertschätzendes Verhalten zu erwarten, der dafür ungeeignet ist. Zählen Sie einmal zusammen, wer für Sie inner- und außerhalb Ihres Arbeitsplatzes für angemessenes Feedback infrage käme und auf welche Art – per Telefon, Brief oder E-Mail – Sie Kontakt mit dieser Person aufnehmen werden.

7.7   Spezialisten einschalten

Falls sich Ihre Gesamtsituation bereits durch dauerhafte subtile seelische Gewalt Ihnen gegenüber so zugespitzt hat, dass Sie unter den Folgen schwer zu leiden haben und nicht aus eigener Kraft eine befriedigende Lösung finden können, dann sollten Sie einen Spezialisten aufsuchen.

Überlegen Sie, wie Sie Informationen über geeignete Spezialisten finden können. Recherchieren Sie im Internet, kontakten Sie entsprechende Beratungsstellen, fragen Sie Ihren Bekanntenkreis oder lassen Sie sich jemanden empfehlen. Klären Sie per Telefon ab, ob die betreffende Person für Sie und Ihre Situation infrage kommt.

Selbstcoaching im Fokus auf eine Systemveränderung

8

Mit welchen Tools Sie die Gesamtsituation verändern

▶ Selbstcoaching kann dazu beitragen, eine Lösung außerhalb des krankmachenden Systems zu finden, falls die Ausgrenzung auf Dauer unerträglich ist.

Falls Sie nach wie vor – insbesondere am Arbeitsplatz, an dem Sie ja viele Stunden der Tages verbringen – unter Ignoranten zu leiden haben, dann sollten Sie eine Veränderung Ihrer Gesamtsituation erwägen.

8.1 Adenauerliste

Erwägen Sie, ob für Sie ein Stellenwechsel infrage kommt. Dies kann eine Bewerbung auf einen anderen Unternehmensbereich des Hauses, in dem Sie bereits beschäftigt sind, betreffen oder auch einen Stellenwechsel auf eine externe Stelle. Stellen Sie in schriftlicher Form eine Pro- und Kontraliste zusammen, in der Sie Vor- und Nachteile eines Stellenwechsels aufzählen. Was brauchen Sie dafür? Wer kann Ihnen dabei helfen? Innerhalb welches Zeitrahmens soll die Veränderung eintreffen?

8.2 Ideenschmiede einrichten

Falls Sie zu denjenigen gehören, die ständig gute Ideen und Verbesserungsvorschläge ersinnen, im Unternehmen jedoch nicht gehört und gesehen werden, dann sollten Sie sich mit dem „außerbetrieblichen Vorschlagswesen" bekannt machen. Ich habe diesen Begriff kreiert, weil begabte Menschen auf diese Weise ihre kreative

© Springer Fachmedien Wiesbaden GmbH, ein Teil von Springer Nature 2018　　　39
L. Endriss, *Die psychische Gewalt der Ignoranzfalle*, essentials,
https://doi.org/10.1007/978-3-658-21835-5_8

Energie jenseits der geistigen Enge, die in manchen Firmen lauert, sinnvoll ausleben und umsetzen können.

Sammeln Sie Ideen zu Ihrem persönlichen „außerbetrieblichen Vorschlagswesen". Stellen Sie zusammen, wie und wo Sie die Ergebnisse Ihrer Arbeiten präsentieren möchten. So gibt es etwa Lesungen im Wohnzimmer, Vernissagen im Wohnungs- oder Hausflur, Stammtische mit Tüftlerbörsen und die Möglichkeit, eigene Werke ins Internet zu stellen.

8.3   Solidargemeinschaft gründen

Klassische Unterstützergemeinschaften kennen Sie im Zusammenhang mit den sogenannten Selbsthilfegruppen, die in der Regel auf die gegenseitige solidarische Unterstützung im Zusammenhang mit der Bewältigung von körperlichen und seelischen Beeinträchtigungen ausgerichtet sind. Warum nicht eine Selbsthilfegruppe für kreative und sonstige praktische Aktivitäten jenseits des Betriebes bilden? Eine Art Unterstützerkreis, der sich denjenigen Themen widmet, die Sie lohnenswert finden und der auf Wertschätzung ausgerichtet ist.

Recherchieren Sie, welche Möglichkeiten, Resonanz und Anerkennung außerhalb Ihrer derzeitigen privaten und beruflichen Gesamtsituation zu bekommen, für Sie in Zukunft attraktiv sind.

8.4   Netzwerke nutzen

Nicht immer müssen Sie einen Unterstützerkreis neu gründen, um mit Ihrer Persönlichkeit und Ihren guten Ideen auf Resonanz zu stoßen. Sie können gelegentlich auch auf vorhandene Netzwerke zurückgreifen, die sich bestimmten Themenbereichen widmen, bereits eine „Mitgliederkultur" entwickelt haben und manchmal auch auf einen jahrelangen Erfahrungsschatz zurückblicken können, der Ihnen zugute kommen kann.

Klären Sie, welches Netzwerk für Ihr gesellschaftliches, kulturelles, ökologisches oder politisches Engagement infrage kommt. Recherchieren Sie, was diese Netzwerke Ihnen zu bieten haben und nehmen Sie Kontakt auf.

8.5   Sich emanzipieren

Falls Sie weiblichen Geschlechts sind, dann kann es sein, dass Sie nur aufgrund Ihres Geschlechtes immer wieder in die Ignoranzfalle gelockt werden, ob im Unternehmen, im Alltag oder im Kreise der Familie. Seien Sie stolz darauf, ein

Abb. 8.1   Emanzipation. (Copyright Lilo Endriss)

Mädchen oder eine Frau zu sein, auch wenn Sie immer wieder den Eindruck haben, hinten an zu stehen (s. Abb. 8.1). Suchen Sie sich Unterstützerinnen und Unterstützer, die Sie als gleichwertiges Wesen behandeln.

Prüfen Sie, welche Formen der Frauenförderung Ihnen innerhalb oder außerhalb Ihres Betriebes bekannt sind. Dazu gehören etwa Beratungsstellen für weibliche Arbeitnehmerinnen, Berufsverbände typischer Frauenberufe, behördliche Leitstellen zur Gleichstellung der Geschlechter oder auch Unternehmerinnen-Netzwerke. Nutzen Sie deren Angebote.

Was Sie aus diesem *essential* mitnehmen können

- Ignoranzfallen entstehen, wenn ein Angreifer Sie durch entwertendes Verhalten dazu bringt, Kränkungsgefühle zu entwickeln und Sie in Ihrem Selbstwertgefühl stark beeinträchtigt.
- Ignoranz bzw. Entwertung kann absichtlich oder unabsichtlich geschehen, letztes wird in der Regel eher als verzeihlich wahrgenommen.
- Subtile seelische Gewalt bedient sich heimlicher Mittel, die häufig schwer zu durchschauen sind.
- Damit Sie sich gegen die negativen Auswirkungen von ignoranten Verhaltensweisen wappnen können, müssen Sie diese Form seelischer Gewalt als solche kennen und wiedererkennen.
- Selbstcoaching-Methoden zur Unterstützung Ihrer Resilienz und Ihrer Autonomie unterstützen Sie darin, in Zukunft nicht mehr in Ignoranzfallen zu geraten.

© Springer Fachmedien Wiesbaden GmbH, ein Teil von Springer Nature 2018 43
L. Endriss, *Die psychische Gewalt der Ignoranzfalle*, essentials,
https://doi.org/10.1007/978-3-658-21835-5

Literatur

Anker, F. (2013). *Wo ist eigentlich oben?* Flössbachtal: Klecks-Verlag.

Bateson, G., et al. (1987). *Schizophrenie und Familie.* Frankfurt a. M.: Suhrkamp.

Bauer, J. (2006). *Warum ich fühle, was du fühlst. Intuitive Kommunikation und das Geheimnis der Spiegelneuronen.* Hamburg: Hoffmann und Campe.

Bauer, J. (2011). *Schmerzgrenze. Vom Ursprung alltäglicher und globaler Gewalt.* München: Blessing.

Borges, J. (1969). *Labyrinthe.* München: Deutscher Taschenbuchverlag.

Braiker, H. (1995). *Giftige Beziehungen. Wenn andere uns krank machen.* Frankfurt a. M.: Fischer.

Caberta, U. (2011). *Schwarzbuch Esoterik.* Gütersloh: Gütersloher Verlagshaus.

Csikszentmihalyi, M. (2001). *Flow. Das Geheimnis des Glücks.* Stuttgart: Klett-Cotta.

Decoin, D. (2011). *Der Tod der Kitty Genovese.* Zürich: Arche.

Dressler, M. (Hrsg.). (1995). *Till Eulenspiegel. Schnurren und Schwänke.* Karlsruhe: Turmberg Verlag Hans Retzlaff.

Dobelli, R. (2011). *Die Kunst des klaren Denkens. 52 Denkfehler, die Sie besser anderen überlassen.* München: Hanser.

Ehrenreich, B. (1992). *Angst vor dem Sturz. Das Dilemma der Mittelklasse.* München: Antje Kunstmann.

Endriss, L. (2009). Klienten im Flow. Coaching als kreativitätsfördernder Prozess. In C. J. Schmidt-Lellek & A. Schreyögg (Hrsg.), *Praxeologie des Coaching.* OSC Sonderheft 2/2008. Wiesbaden: VS Verlag.

Endriss, L. (2010). *Steh auf Mensch! Über den kreativen Umgang mit Krisen und Misserfolg. Das Praxishandbuch.* Norderstedt: Books on Demand.

Endriss, L. (2015). *Ignoranzfallen am Arbeitsplatz. Subtile seelische Gewalt aufdecken, Betroffene stabilisieren.* Wiesbaden: Springer Gabler.

Endriss, L. (2018). *Ignoranzfallen am Arbeitsplatz. Subtile seelische Gewalt aufdecken, Betroffene stabilisieren* (Überarbeitete u. illustrierte Aufl.). Wiesbaden: Springer/Psychologie.

Erickson, E. H. (1981). *Identität und Lebenszyklus.* Frankfurt a. M.: Suhrkamp.

Goffman, E. (1969). *Wir spielen alle Theater. Die Selbstdarstellung im Alltag.* München: R. Piper & Co.

Goffman, E. (1979). *Stigma. Über Techniken der Bewältigung beschädigter Identität.* Frankfurt a. M.: Suhrkamp.

© Springer Fachmedien Wiesbaden GmbH, ein Teil von Springer Nature 2018   45
L. Endriss, *Die psychische Gewalt der Ignoranzfalle,* essentials,
https://doi.org/10.1007/978-3-658-21835-5

Gruen, A. (1986). *Der Verrat am Selbst: Die Angst vor Autonomie bei Mann und Frau.* München: Deutscher Taschenbuch Verlag.

Hirigoyen, M.-F. (2000). *Die Masken der Niedertracht. Seelische Gewalt im Alltag und wie man sich dagegen wehren kann.* München: Beck.

Kafka, F. (1968). *Das Schloss.* Frankfurt a. M.: Fischer.

Kaletta, B. (2008). *Anerkennung oder Abwertung. Über die Verarbeitung sozialer Desintegration.* Wiesbaden: VS Verlag – GWV Fachverlage GmbH.

Lau, V. (2013). *Schwarzbuch Personalentwicklung. Spinner in Nadelstreifen.* Stuttgart: Steinbeis-Edition.

Lenné, R. (1976). *Zeitkrankheit Depression. Die Überwindung von Niedergeschlagenheit, Angst und Traurigkeit.* München: Mosaik.

Leymann, H. (1993). *Mobbing – Psychoterror am Arbeitsplatz und wie man sich dagegen wehren kann.* Hamburg: Rowohlt.

Lilly, J. C. (1988). *Das tiefe Selbst.* Sphinx: Basel.

Luft, J., & Ingham, H. (1955). *The Johari Window. A graphic model for interpersonal relations.* Los Angeles: Western Training Laboratory in Group Development, University of California.

Milgram, S. (1995). *Das Milgram-Experiment. Zur Gehorsamsbereitschaft gegenüber Autorität.* Hamburg: Rowohlt.

Miller, A. (1980). *Das Drama des begabten Kindes.* Frankfurt a. M.: Suhrkamp.

Miller, A. (1983). *Du sollst nicht merken. Variationen über das Paradiesthema.* Frankfurt a. M.: Suhrkamp.

Rutschky, K. (Hrsg.). (1977). *Schwarze Pädagogik. Quellen zur Naturgeschichte der bürgerlichen Erziehung.* Berlin: Ullstein.

Spitz, R. A. (1945). Hospitalism: An Inquiery into the Genesis of Psychiatric Conditions in early Childhood. In *Psychoanalytic study of the child 1.* New Haven: Yale University Press.

Sternberger, D., Storz, G., & Süskind, W. (1979). *Aus dem Wörterbuch des Unmenschen.* München: Deutscher Taschenbuch Verlag

Taglieber, W. (2010). *Berliner Antimobbingfibel. Was tun wenn.* Ludwigsfelde Struveshof: Landesinstitut für Schule und Medien Berlin-Brandenburg.

Wadetzki, B. (2005). *Kränkung am Arbeitsplatz. Strategien gegen Missachtung, Gerede und Mobbing.* München: Kösel

Watzlawick, P., Beavin, J., & Jackson, D. (1971). *Menschliche Kommunikation. Formen, Störungen, Paradoxien.* Bern: Huber.

Weeks, D., & James, J. (1997). *Exzentriker: Über das Vergnügen, anders zu sein.* Hamburg: Rowohlt.

Williams, D. (1992). *Ich könnte verschwinden, wenn du mich berührst. Erinnerungen an eine autistische Kindheit.* Hamburg: Hoffmann & Campe.